RICETTE SOUS VIDE 2021

LE MIGLIORI RICETTE SOUS VIDE PER PRINCIPIANTI

PATRIZIA LO GIUDICE

Sommario

5

Gulasch di Cavolo e Peperoncino

Tempo di preparazione + cottura: 1 ora e 15 minuti | Porzioni: 2

ingredienti

2 libbre di cavolo bianco, tritato

2 cucchiai di olio d'oliva

Sale qb

¼ tazza di salsa di pesce

2 cucchiai d'acqua

1 ½ cucchiaio di zucchero semolato

1 cucchiaio di aceto di riso

1 ½ cucchiaino di succo di lime

12 pezzi di peperoncini tagliati a fettine sottili

1 piccolo spicchio d'aglio tritato

Menta fresca tritata

Coriandolo fresco tritato

Indicazioni

Preparare un bagnomaria e inserire il Sous Vide. Impostato su 183 F.

Unisci il cavolo cappuccio, l'olio d'oliva e il sale. Mettere in un sacchetto sigillabile sottovuoto. Rilasciare l'aria con il metodo dello spostamento dell'acqua, sigillare e immergere la sacca nel bagnomaria. Cuocere per 50 minuti. Per la vinaigrette, in una ciotola, mescolare la salsa di pesce, lo zucchero, l'acqua, l'aceto di riso, il succo di lime, l'aglio e i peperoncini.

Una volta che il timer si è fermato, rimuovere la busta e trasferirla su un foglio di alluminio e riscaldare. Rosolare il cavolo per 5 minuti. Servire in una ciotola con la vinaigrette. Completare con menta e coriandolo.

Pilaf di riso e porri con noci

Tempo di preparazione + cottura: 3 ore 15 minuti | Porzioni: 4

ingredienti

1 cucchiaio di olio d'oliva

1 porro, tagliato a fettine sottili

1 spicchio d'aglio tritato

Sale qb

1 tazza di riso selvatico sciacquato

¼ di tazza di ribes

2 tazze di brodo vegetale

¼ di tazza di noci tostate e tritate

Indicazioni

Preparare un bagnomaria e inserire il Sous Vide. Impostato su 182 F.

Scaldare una casseruola a fuoco medio con olio. Mescolare l'aglio, il porro e 1/2 cucchiaio di sale. Cuocere fino a quando il porro è fragrante. Togli dal fuoco. Aggiungi riso e ribes. Mescolare bene. Mettere la miscela in un sacchetto sigillabile sottovuoto. Rilasciare l'aria con il metodo dello spostamento dell'acqua, sigillare e immergere la sacca nel bagnomaria. Cuocere per 3 ore.

Una volta che il timer si è fermato, rimuovere il sacchetto e trasferirlo in una ciotola. Completare con le noci.

Piatto di mandarini e fagiolini con nocciole

Tempo di preparazione + cottura: 1 ora e 20 minuti | Porzioni: 9)

ingredienti

1 libbra di fagiolini, tagliati

2 mandarini piccoli

2 cucchiai di burro

Sale qb

60 g di nocciole

Indicazioni

Preparare un bagnomaria e inserire il Sous Vide. Impostato su 186 F.

Unisci i fagiolini, il burro e il sale. Mettere in un sacchetto sigillabile sottovuoto. Scorza uno dei mandarini all'interno. Rilasciare l'aria con il metodo dello spostamento dell'acqua, sigillare e immergere la sacca nel bagnomaria. Cuocere per 60 minuti.

Una volta che il timer si è fermato, rimuovere la borsa. Preriscaldare il forno a 400 ° C e tostare le nocciole per 7 minuti. Pelare e tritare e guarnire i fagioli con nocciole e scorza di mandarino.

Crema di piselli dolci alla noce moscata

Tempo di preparazione + cottura: 1 ora e 10 minuti | Porzioni: 8)

ingredienti

1 libbra di piselli dolci freschi congelati

1 tazza mezza panna e mezza

¼ di tazza di burro

1 cucchiaio di amido di mais

¼ di cucchiaino di noce moscata macinata

4 chiodi di garofano

2 foglie di alloro

Pepe nero qb

Indicazioni

Preparare un bagnomaria e inserire il Sous Vide. Impostato su 183 F.

In una ciotola unire la panna, la noce moscata e la maizena. Mescolare fino a quando la maizena si sarà sciolta. Mettere la miscela e gli ingredienti rimanenti in un sacchetto sigillabile sottovuoto. Rilasciare l'aria con il metodo dello spostamento dell'acqua, sigillare e immergere la sacca nel bagnomaria. Cuocere per 1 ora.

Una volta che il timer si è fermato, rimuovere la borsa. Completare con pepe nero.

Sesamo Zucchine Miso

Tempo di preparazione + cottura: 3 ore 15 minuti | Porzioni: 2

ingredienti

1 zucchina, a fette

¼ di tazza di miso bianco

2 cucchiai di condimento italiano

2 cucchiai di sake

1 cucchiaio di zucchero

1 cucchiaino di olio di sesamo

Sale qb

2 cucchiai di semi di sesamo, tostati

2 cucchiai di scalogno, affettato sottilmente

Indicazioni

Preparare un bagnomaria e inserire il Sous Vide. Impostato su 186 F.

Metti le zucchine in un sacchetto sigillabile sottovuoto. Rilasciare l'aria con il metodo dello spostamento dell'acqua, sigillare e immergere la sacca nel bagnomaria. Cuocere per 3 ore.

Una volta che il timer si è fermato, rimuovere la busta e trasferirla su una teglia. Scartare il succo di cottura. Per la salsa di miso, unisci il miso, il sake, lo zucchero, il condimento italiano e l'olio di sesamo in una piccola ciotola. Sbatti fino a che liscio. Spennellate le zucchine con la salsa e fate caramellare per 3-5 minuti. Servire su un piatto da portata e guarnire con semi di sesamo.

Carote Burrose all'Agave

Tempo di preparazione + cottura: 1 ora e 25 minuti | Porzioni: 4

ingredienti

Carote baby da 1 libbra

4 cucchiai di burro vegano

1 cucchiaio di nettare d'agave

Sale qb

¼ di cucchiaino di noce moscata macinata

Indicazioni

Preparare un bagnomaria e inserire il Sous Vide. Impostato su 186 F.

Metti le carote, il miele, il burro intero, il sale kosher e la noce moscata in un sacchetto sigillabile sottovuoto. Rilasciare l'aria con il metodo dello spostamento dell'acqua, sigillare e immergere la sacca nel bagnomaria. Cuocere per 75 minuti.

Una volta che il timer si è fermato, rimuovere il sacchetto e scolare i succhi di cottura. Mettere da parte. Trasferire le carote in un piatto da portata e cospargere con il sugo.

Carciofi Burrosi con Limone e Aglio

Tempo di preparazione + cottura: 1 ora e 45 minuti | Porzioni: 4

ingredienti

4 cucchiai di succo di limone

12 carciofi piccoli

4 cucchiai di burro

2 spicchi d'aglio freschi tritati

1 cucchiaino di scorza di limone fresca

Sale qb

1 cucchiaino di aneto

Pepe nero macinato, quanto basta

Prezzemolo fresco tritato per servire

Indicazioni

Preparare un bagnomaria e inserire il Sous Vide. Impostare su 182 F. Unire l'acqua fredda con 2 cucchiai di succo di limone. Pelare i carciofi e tritarli finemente. Trasferite in acqua e lasciate riposare.

Scaldare il burro in una padella a fuoco medio e cuocere l'aneto, l'aglio, 2 cucchiai di succo di limone e la scorza. Condite con sale e pepe, lasciate raffreddare per 5 minuti.

Scolare i carciofi e metterli in un sacchetto sigillabile sottovuoto. Aggiungere la miscela di burro. Rilasciare l'aria con il metodo dello spostamento dell'acqua, sigillare e immergere la sacca nel bagnomaria. Cuocere per 1 ora e 30 minuti. Una volta che il timer si è fermato, togliere i carciofi e servire in una ciotola. Completare con il prezzemolo.

Tofu al pomodoro e agave

Tempo di preparazione + cottura: 1 ora e 45 minuti | Porzioni: 6

ingredienti

1 tazza di brodo vegetale

2 cucchiai di concentrato di pomodoro

1 cucchiaio di curcuma in polvere

1 cucchiaio di aceto di vino di riso

1 cucchiaio di nettare d'agave

2 cucchiaini di salsa sriracha

3 spicchi d'aglio tritati

1 cucchiaino di salsa di soia

24 once di tofu di seta, a cubetti

Indicazioni

Preparare un bagnomaria e inserire il Sous Vide. Impostare su 186 F. Unire tutti gli ingredienti in una ciotola, tranne il tofu.

Metti il tofu in un sacchetto sigillabile sottovuoto. Aggiungi la miscela. Rilasciare l'aria con il metodo dello spostamento dell'acqua, sigillare e immergere la sacca nel bagnomaria. Cuocere per 1 ora e 30 minuti. Una volta che il timer si è fermato, rimuovere la borsa. Servire.

Cipolle alla Griglia con Pesto di Girasole

Tempo di preparazione + cottura: 2 ore e 25 minuti | Porzioni: 4

ingredienti

1 mazzo di cipollotti grandi, mondati e tagliati a metà

½ tazza più 2 cucchiai di olio d'oliva

Sale e pepe nero qb

2 cucchiai di semi di girasole

2 spicchi d'aglio sbucciati

3 tazze di foglie di basilico fresco sciolte

3 cucchiai di Grana Padano grattugiato

1 cucchiaio di succo di limone appena spremuto

Indicazioni

Preparare un bagnomaria e inserire il Sous Vide. Impostato su 183 F.

Mettere le cipolle in un sacchetto sigillabile sottovuoto. Condire con sale, pepe e 2 cucchiai di olio d'oliva. Rilasciare l'aria con il metodo dello spostamento dell'acqua, sigillare e immergere la sacca nel bagnomaria. Cuocere per 2 ore.

Nel frattempo, per la salsa al pesto, unire in un robot da cucina i semi di girasole, l'aglio e il basilico e frullare fino a tritarli finemente. Aggiungere con cautela l'olio rimanente. Aggiungere il succo di limone e fermare. Condire con sale e pepe. Mettere da parte.

Una volta che il timer si è fermato, rimuovere la busta e trasferire le cipolle in una padella e cuocere per 10 minuti. Impiattare e guarnire con il pesto.

Piatto di Barbabietola Rossa Dolce

Tempo di preparazione + cottura: 1 ora e 45 minuti | Porzioni: 4

ingredienti

Barbabietole rosse da 1 libbra, sbucciate e squartate

2 cucchiai di burro

2 arance sbucciate, tritate

1 cucchiaio di miele

3 cucchiai di aceto balsamico

4 cucchiai di olio d'oliva

Sale e pepe nero qb

200 g di foglie di lattuga romana

½ tazza di pistacchi tritati

½ tazza di pecorino romano

Indicazioni

Preparare un bagnomaria e inserire il Sous Vide. Impostato su 182 F.

Metti le barbabietole rosse in un sacchetto sigillabile sottovuoto. Aggiungere il burro Liberare l'aria con il metodo dello spostamento dell'acqua, sigillare e immergere il sacchetto nel bagnomaria. Cuocere per 90 minuti.

Una volta che il timer si è fermato, rimuovere il sacchetto e scartare i succhi di cottura. Unisci il miele, l'olio e l'aceto. Condire con sale e pepe. Getta le foglie di romaine, l'arancia, le barbabietole e la vinaigrette. Guarnire con pistacchio e pecorino romano.

Granella di Provolone

Tempo di preparazione + cottura: 3 ore 20 minuti | Porzioni: 4

ingredienti

1 tazza di grana

1 tazza di panna

3 tazze di brodo vegetale

2 cucchiai di burro

120 g di provolone grattugiato

1 cucchiaio di paprika

Formaggio extra per guarnire

Sale e pepe nero qb

Indicazioni

Preparare un bagnomaria e inserire il Sous Vide. Impostare su 182 F. Unire la semola, la panna e il brodo vegetale. Tritate il burro e aggiungetelo al composto. Mettere la miscela in un sacchetto sigillabile sottovuoto. Rilasciare l'aria con il metodo dello spostamento dell'acqua, sigillare e immergere la sacca nel bagnomaria. Cuocere per 3 ore.

Una volta che il timer si è fermato, rimuovere il sacchetto e trasferirlo in una ciotola. Mescolate il composto con il formaggio e

24

condite con sale e pepe. Guarnire con formaggio extra e paprika, se si preferisce.

Finocchi marinati al limone senza sforzo

Tempo di preparazione + cottura: 40 minuti | Porzioni: 8)

ingredienti

1 tazza di aceto di mele

2 cucchiai di zucchero

Succo e scorza di 1 limone

Sale qb

2 finocchi a bulbo, affettati

½ cucchiaino di semi di finocchio, schiacciati

Indicazioni

Preparare un bagnomaria e inserire il Sous Vide. Impostare a 182 F. Unire bene l'aceto, lo zucchero, il succo di limone, il sale, la scorza di limone ei semi di finocchio. Mettere la miscela in un sacchetto sigillabile sottovuoto. Rilasciare l'aria con il metodo dello spostamento dell'acqua, sigillare e immergere la sacca nel bagnomaria. Cuocere per 30 minuti. Una volta che il timer si è fermato, rimuovere la borsa e trasferirla in un bagno di acqua ghiacciata. Consentire il raffreddamento.

Broccoli Semplici

Tempo di preparazione + cottura: 20 minuti | Porzioni: 2

ingredienti

½ libbra di cime di rapa

1 cucchiaino di aglio in polvere

1 cucchiaio di burro vegano

½ cucchiaino di sale marino

¼ di cucchiaino di pepe nero

Indicazioni

Preparare un bagnomaria e inserire il Sous Vide. Impostato su 192 F.

Mettere le cime di rapa, l'aglio in polvere, il sale marino e il pepe nero in un sacchetto sigillabile sottovuoto. Rilasciare l'aria con il metodo dello spostamento dell'acqua, sigillare e immergere la sacca nel bagnomaria. Cuocere per 4 minuti. Una volta che il timer si è fermato, trasferire i broccoli su un piatto da portata.

Patate dl Tartufo all'aglio

Tempo di preparazione + cottura: 1 ora e 50 minuti | Porzioni: 4

ingredienti

8 once di patate rosse a spicchi

3 cucchiai di burro al tartufo bianco

1 cucchiaio di olio al tartufo

Sale e pepe nero qb

1 spicchio d'aglio, tritato

Indicazioni

Preparare un bagnomaria e inserire il Sous Vide. Impostato su 182 F.

Mettere il burro al tartufo, le patate rosse e l'olio al tartufo in un sacchetto sigillabile sottovuoto. Condire con sale e pepe. Agitare bene. Rilasciare l'aria con il metodo dello spostamento dell'acqua, sigillare e immergere la sacca nel bagnomaria. Cuocere per 90 minuti. Una volta che il timer si è fermato, rimuovere le patate e trasferirle in una padella calda. Cuocere per altri 5 minuti finché il liquido non sarà evaporato.

Giardiniera Picante fatta in casa

Tempo di preparazione + cottura: 1 ora e 20 minuti | Porzioni: 8)

ingredienti

2 tazze di aceto di vino bianco

1 tazza d'acqua

½ tazza di zucchero

Sale qb

1 cucchiaio di pepe nero intero in grani

2 libbre di cavoletti di Bruxelles, sminuzzati

1 peperone seminato, tritato

1 tazza di carote, tritate

½ cipolla bianca affettata sottilmente

2 peperoni serrano senza semi, tritati

Indicazioni

Preparare un bagnomaria e inserire il Sous Vide. Impostato su 182 F.

Unisci l'aceto, lo zucchero, il sale, l'acqua, il pepe, i cavoletti di Bruxelles, la cipolla, il peperone serrano, il peperone e le carote in un sacchetto sigillabile sottovuoto. Rilasciare l'aria con il metodo dello spostamento dell'acqua, sigillare e immergere nella vasca da bagno. Cuocere per 60 minuti. Una volta che il timer si è fermato, rimuovere il sacchetto e trasferirlo in una ciotola.

Pomodori Piccanti Gustosi

Tempo di preparazione + cottura: 60 minuti | Porzioni: 4

ingredienti

4 pezzi di pomodori privati del torsolo e tagliati a cubetti

2 cucchiai di olio d'oliva

3 spicchi d'aglio tritati

1 cucchiaino di origano essiccato

1 cucchiaino di rosmarino

1 cucchiaino di sale marino fino

Indicazioni

Preparare un bagnomaria e posizionarvi sopra il sottovuoto. Impostare su 146 F. Mettere tutti gli ingredienti in un sacchetto sigillabile sottovuoto. Rilasciare l'aria con il metodo dello spostamento dell'acqua, sigillare e immergere nella vasca da bagno. Cuocere per 45 minuti. Una volta che il timer si è fermato, rimuovere i pomodori e trasferirli su un piatto. Servire con fette di pane francese tostato.

Condimento Alfredo di Verdure Facile

Tempo di preparazione + cottura: 1 ora e 45 minuti | Porzioni: 6

ingredienti

4 tazze di cavolfiore tritato

2 tazze d'acqua

2/3 di tazza di nocciole

2 spicchi d'aglio

½ cucchiaino di origano essiccato

½ cucchiaino di basilico essiccato

½ cucchiaino di rosmarino essiccato

4 cucchiai di lievito alimentare

Sale e pepe nero qb

Indicazioni

Preparare un bagnomaria e inserire il Sous Vide. Impostato su 172 F.

Mettere le nocciole, il cavolfiore, l'origano, l'acqua, l'aglio, il rosmarino e il basilico in un sacchetto sigillabile sottovuoto. Rilasciare l'aria con il metodo dello spostamento dell'acqua, sigillare e immergere la sacca nel bagnomaria. Cuocere per 90 minuti.

Una volta che il timer si è fermato, rimuovere il contenuto e trasferire in un frullatore e frullare fino a ottenere una purea. Servire con la pasta.

Delizioso stufato di fagioli e carote

Tempo di preparazione + cottura: 3 ore 15 minuti | Porzioni: 8)

ingredienti

1 tazza di fagioli borlotti secchi, messi a bagno per una notte

1 tazza d'acqua

½ tazza di olio d'oliva

1 carota, tritata

1 gambo di sedano, tritato

1 scalogno tagliato in quarti

4 spicchi d'aglio schiacciati

2 rametti di rosmarino fresco

2 foglie di alloro

Sale e pepe nero, quanto basta

Indicazioni

Preparare un bagnomaria e inserire il Sous Vide. Impostato su 192 F.

Filtrate i fagioli e lavateli. Mettere in un sacchetto sigillabile sottovuoto con olio d'oliva, sedano, acqua, carota, scalogno, aglio, rosmarino e foglie di alloro. Condire con sale e pepe. Rilasciare l'aria con il metodo dello spostamento dell'acqua, sigillare e immergere la sacca nel bagnomaria. Cuocere per 180 minuti.

Una volta che il timer si è fermato, rimuovere i fagioli. Eliminare le foglie di alloro e il rosmarino.

Facile insalata di fagioli

Tempo di preparazione + cottura: 7 ore 10 minuti | Porzioni: 6

ingredienti

120 g di fagioli neri secchi

120 g di fagioli nani secchi

4 tazze d'acqua

1 scalogno tritato

Sale qb

1 cucchiaino di zucchero

1 cucchiaio di champagne

3 cucchiai di olio d'oliva

Indicazioni

Preparare un bagnomaria e inserire il Sous Vide. Impostare a 90 F. Unire i fagioli neri, 3 tazze di acqua e fagioli in 4-6 barattoli di vetro. Sigilla e immergi i barattoli nel bagnomaria. Cuocere per 2 ore.

Una volta che il timer si è fermato, rimuovere i barattoli e aggiungere lo scalogno, il sale kosher e lo zucchero. Consenti il riposo. Sigillare e immergere nuovamente nel bagnomaria. Cuocere per 4 ore.

Una volta che il timer si è fermato, rimuovere i barattoli e lasciare raffreddare per 1 ora. Aggiungere l'olio d'oliva e lo champagne e agitare bene. Trasferisci in una ciotola e servi.

Stufato Vegano Saporito con Fagioli Cannellini

Tempo di preparazione + cottura: 3 ore 15 minuti | Porzioni: 8)

ingredienti

1 tazza di fagioli cannellini, messi a bagno per una notte

1 tazza d'acqua

½ tazza di olio d'oliva

1 carota sbucciata, tritata

1 gambo di sedano, tritato

1 scalogno tagliato in quarti

4 spicchi d'aglio schiacciati

2 rametti di rosmarino fresco

2 foglie di alloro

Sale e pepe nero qb

Indicazioni

Preparare un bagnomaria e inserire il Sous Vide. Impostato su 192 F.

Filtrare e lavare i fagioli e metterli con i restanti ingredienti in un sacchetto sigillabile sottovuoto. Rilasciare l'aria con il metodo dello spostamento dell'acqua, sigillare e immergere la sacca nel bagnomaria. Cuocere per 3 ore.

Una volta che il timer si è fermato, rimuovere la busta e tritare la consistenza. Se vuoi più ammorbidisci cuoci per un'altra 1 ora. A cottura ultimata trasferite in una ciotola.

Carote Sottaceto Glassate

Tempo di preparazione + cottura: 1 ora e 45 minuti | Porzioni: 1)

ingredienti

1 tazza di aceto di vino bianco

½ tazza di zucchero di barbabietola

Sale qb

1 cucchiaino di pepe nero in grani

1/3 di tazza di acqua ghiacciata

10 carote, sbucciate

4 rametti di salvia fresca

2 spicchi d'aglio sbucciati

Indicazioni

Preparare un bagnomaria e inserire il Sous Vide. Impostato su 192 F.

Scaldare una pentola a fuoco medio e versare l'aceto, il sale, lo zucchero e i grani di pepe. Mescolare bene fino a quando l'ebollizione e lo zucchero si saranno sciolti. Togliere dal fuoco e versare acqua fredda. Consentire il raffreddamento.

Mettere la salvia, le carote, l'aglio e il composto in un sacchetto sigillabile sottovuoto. Rilasciare l'aria con il metodo dello spostamento dell'acqua, sigillare e immergere la sacca nel bagnomaria. Cuocere per 90 minuti.

Una volta che il timer si è fermato, rimuovere la borsa e trasferirla in un bagno di acqua ghiacciata. Impiattare e servire.

Delizioso Tofu con Salsa Sriracha

Tempo di preparazione + cottura: 1 ora e 10 minuti | Porzioni: 10)

ingredienti

1 tazza di brodo vegetale

2 cucchiai di concentrato di pomodoro

1 cucchiaio di zenzero grattugiato

1 cucchiaio di noce moscata macinata

1 cucchiaio di vino di riso

1 cucchiaio di aceto di vino di riso

1 cucchiaio di nettare d'agave

2 cucchiaini di salsa Sriracha

3 spicchi d'aglio tritati

2 scatole di tofu a cubetti

Indicazioni

Preparare un bagnomaria e inserire il Sous Vide. Impostato su 186 F.

Unisci bene tutti gli ingredienti, tranne il tofu. Mettere il tofu con il composto in un sacchetto sigillabile sottovuoto. Rilasciare l'aria con il metodo dello spostamento dell'acqua, sigillare e immergere la sacca nel bagnomaria. Cuocere per 60 minuti. Una volta che il timer si è fermato, rimuovere il sacchetto e trasferirlo in una ciotola.

Insalata di rucola e barbabietola al formaggio

Tempo di preparazione + cottura: 1 ora e 10 minuti | Porzioni: 4

ingredienti

Barbabietole da 1 libbra, tritate

Sale qb

½ tazza di rucola baby

¼ di libbra di crema di formaggio

2 mandarini, tagliati a spicchi

¼ tazza di mandorle a scaglie

Indicazioni

Preparare un bagnomaria e inserire il Sous Vide. Impostato su 182 F.

Condire le barbabietole con sale. Metterli in un sacchetto sigillabile sottovuoto con succo d'arancia. Rilasciare l'aria con il metodo dello spostamento dell'acqua, sigillare e immergere la sacca nel bagnomaria. Cuocere per 60 minuti.

Una volta che il timer si è fermato, rimuovere le barbabietole e scartare il succo. Trasferire nei piatti di portata e guarnire con crema di formaggio, spicchi di mandarini, rucola e mandorle.

Salsa di fagioli bianchi all'aglio

Tempo di preparazione + cottura: 1 ora e 50 minuti | Porzioni: 4

ingredienti

4 tazze di fagioli di neve tagliati a metà

3 spicchi d'aglio tritati

2 cucchiaini di aceto di vino di riso

1 ½ cucchiaio di salsa di fagioli neri preparata

1 cucchiaio di olio d'oliva

Drections

Preparare un bagnomaria e inserire il Sous Vide. Impostare a 172 F. Unire bene tutti gli ingredienti con i fagioli di neve e metterli in un sacchetto sigillabile sottovuoto. Rilasciare l'aria con il metodo dello spostamento dell'acqua, sigillare e immergere la sacca nel bagnomaria. Cuocere per 1 ora e 30 minuti. Una volta che il timer si è fermato, rimuovere la busta e servire caldo.

Fagioli Neri Piccanti

Tempo di preparazione + cottura: 6 ore 15 minuti | Porzioni: 6

ingredienti

1 tazza di fagioli neri secchi

3 tazze d'acqua

1/3 di tazza di succo di limone

2 cucchiai di scorza di limone

Sale qb

1 cucchiaino di cumino

½ cucchiaino di peperoncino chipotle in polvere

Indicazioni

Preparare un bagnomaria e posizionarvi sopra il sottovuoto. Impostare su 193 F. Mettere tutti gli ingredienti in un sacchetto sigillabile sottovuoto. Rilasciare l'aria con il metodo dello spostamento dell'acqua, sigillare e immergere la sacca nel bagnomaria. Cuocere per 6 ore. Una volta che il timer si è fermato, rimuovere la busta e trasferire in una casseruola calda a fuoco medio e cuocere fino a quando non si sarà ridotta. Togliete dal fuoco e servite.

Funghi Balsamici Alle Erbe Con Aglio

Tempo di preparazione + cottura: 1 ora e 15 minuti | Porzioni: 4

ingredienti

1 libbra di funghi Portobello, a fette

1 cucchiaio di olio d'oliva

1 cucchiaio di aceto balsamico di mele

1 spicchio d'aglio tritato

Sale qb

1 cucchiaino di pepe nero

1 cucchiaino di timo fresco tritato

Indicazioni

Preparare un bagnomaria e inserire il Sous Vide. Impostato su 138 F.

Unisci tutti gli ingredienti e mettili in un sacchetto sigillabile sottovuoto. Rilasciare l'aria con il metodo dello spostamento dell'acqua, sigillare e immergere la sacca nel bagnomaria. Cuocere per 60 minuti. Una volta che il timer si è fermato, rimuovere il sacchetto e trasferirlo in una ciotola da portata.

Purea di patate croccante all'aglio

Tempo di preparazione + cottura: 1 ora e 20 minuti | Porzioni: 2

ingredienti

1 libbra di patate dolci

5 spicchi d'aglio schiacciati

2 cucchiai di olio d'oliva

Sale qb

1 cucchiaino di rosmarino tritato

Indicazioni

Preparare un bagnomaria e inserire il Sous Vide. Impostare su 192 F. Unire tutti gli ingredienti e metterli in un sacchetto sigillabile sottovuoto. Rilasciare l'aria con il metodo dello spostamento dell'acqua, sigillare e immergere la sacca nel bagnomaria. Cuocere per 1 ora.

Una volta che il timer si è fermato, rimuovere le patate e trasferirle su una teglia rivestita di carta stagnola. Tagliare le patate a rondelle e cospargere di olio all'aglio. Cuocere per 10 minuti in forno a 380 F. Guarnire con il rosmarino.

Misto di ortaggi a radice

Tempo di preparazione + cottura: 3 ore 15 minuti | Porzioni: 4

ingredienti

1 rapa tritata

1 rutabaga, tritata

8 carote, tritate

1 pastinaca tritata

½ cipolla dolce, tritata

4 spicchi d'aglio, tritati

4 rametti di rosmarino fresco

2 cucchiai di olio d'oliva

Sale e pepe nero qb

2 cucchiai di burro vegano

Indicazioni

Preparare un bagnomaria e inserire il Sous Vide. Impostato su 186 F.

Mettere in un sacchetto richiudibile sottovuoto le verdure e il rosmarino. Aggiungere 1 cucchiaio di olio e condire con sale e pepe. Rilasciare l'aria con il metodo dello spostamento dell'acqua, sigillare e immergere la sacca nel bagnomaria. Cuocere per 3 ore. Riscalda una pentola a fuoco alto.

Una volta che il timer si è fermato, rimuovere la busta e trasferire il contenuto nella pentola. Cuocere per 5 minuti finché non si sarà ridotto. Aggiungere le verdure e mescolare bene. Continuate a cuocere per 5 minuti. Servire.

Piatto Di Zucca Tailandese

Tempo di preparazione + cottura: 2 ore 20 minuti | Porzioni: 6

ingredienti

1 zucca media

2 cucchiai di burro vegano

2 cucchiai di pasta di curry thailandese

Sale qb

Coriandolo fresco per servire

Spicchi di lime per servire

Indicazioni

Preparare un bagnomaria e inserire il Sous Vide. Impostato su 186 F.

Tagliate la zucca a spicchi e privatela dei semi. Riserva i semi. Mettere gli spicchi di zucca, la pasta di curry, il burro e il sale in un sacchetto sigillabile sottovuoto. Rilasciare l'aria con il metodo dello spostamento dell'acqua, sigillare e immergere la sacca nel bagnomaria. Cuocere per 90 minuti.

Una volta che il timer si è fermato, rimuovere il sacchetto e schiacciare fino a quando non si sarà ammorbidito. Se necessario, cuocere per altri 40 minuti. Trasferire su un piatto da portata e guarnire con salsa al curry. Guarnire con coriandolo e spicchi di lime.

Cetrioli Sottaceto Pentole

Tempo di preparazione + cottura: 30 minuti | Porzioni: 6

ingredienti

1 tazza di aceto di vino bianco

½ tazza di zucchero

Sale qb

1 cucchiaio di spezie sottaceto

2 cetrioli inglesi affettati

½ cipolla bianca affettata sottilmente

3 cucchiaini di semi di aneto

2 cucchiaini di pepe nero in grani

6 spicchi d'aglio, sbucciati

Indicazioni

Preparare un bagnomaria e inserire il Sous Vide. Impostato su 182 F.

Unisci zucchero, aceto, sale, spezie sottaceto, semi di aneto, pepe nero in grani, cetriolo, cipolla e aglio e mettili in un sacchetto sigillabile sottovuoto. Rilasciare l'aria con il metodo dello spostamento dell'acqua, sigillare e immergere nel bagnomaria.

Cuocere per 15 minuti. Una volta terminato, trasferisci in un bagno di acqua ghiacciata. Servire in barattoli di vetro.

Purè di patate al cocco

Tempo di preparazione + cottura: 45 minuti | Porzioni: 4

ingredienti

1 ½ libbra di patate Yukon gold, a fette

4 once di burro

250 ml di latte di cocco

Sale e pepe bianco qb

Indicazioni

Preparare un bagnomaria e posizionarvi sopra il sottovuoto. Impostare su 193 F. Mettere le patate, il latte di cocco, il burro e il sale in un sacchetto sigillabile sottovuoto. Rilasciare l'aria con il metodo dello spostamento dell'acqua, sigillare e immergere nella vasca da bagno. Cuocere per 30 minuti. Una volta fatto, rimuovere la busta e scolare. Riserva i succhi di burro. Schiacciare le patate fino a renderle morbide e trasferirle nella ciotola del burro. Condite con pepe e servite.

Allettante cavolo burroso

Tempo di preparazione + cottura: 4 ore 15 minuti | Porzioni: 1)

ingredienti

1 cavolo cappuccio verde, tagliato a spicchi
2 cucchiai di burro

Indicazioni

Preparare un bagnomaria e inserire il Sous Vide. Impostare su 183 F. Mettere 1 cucchiaio di burro e cavolo in un sacchetto sigillabile sottovuoto. Rilasciare l'aria con il metodo dello spostamento dell'acqua, sigillare e immergere nel bagnomaria. Cuocere per 4 ore. Una volta fatto, rimuovere il cavolo cappuccio e asciugarlo. Sciogliere il burro in una padella a fuoco medio e rosolare il cavolo per 5-7 minuti fino a doratura.

Ravanelli Daikon dolci al rosmarino

Tempo di preparazione + cottura: 40 minuti | Porzioni: 4

ingredienti

½ tazza di succo di limone

3 cucchiai di zucchero

1 cucchiaino di rosmarino

1 ravanello daikon di grandi dimensioni, a fette

Indicazioni

Preparare un bagnomaria e inserire il Sous Vide. Impostare su 182 F. Unire il succo di limone, il rosmarino, il sale e lo zucchero. Mettere il composto e il ravanello daikon in un sacchetto sigillabile sottovuoto. Rilasciare l'aria con il metodo dello spostamento dell'acqua, sigillare e immergere la sacca nel bagnomaria. Cuocere per 30 minuti. Una volta che il timer si è fermato, rimuovere il sacchetto e trasferirlo in un bagno di acqua ghiacciata. Servire in un piatto.

Cavolo cappuccio scalogno con uvetta

Tempo di preparazione + cottura: 2 ore e 15 minuti | Porzioni: 4

ingredienti

1 ½ libbra di cavolo rosso, a fette

¼ di tazza di uvetta

2 scalogni affettati

3 spicchi d'aglio affettati

1 cucchiaio di aceto balsamico di mele

1 cucchiaio di burro

Indicazioni

Preparare un bagnomaria e posizionarvi sopra il sottovuoto. Impostare su 186 F. Mettere il cavolo cappuccio in un sacchetto sigillabile sottovuoto. Aggiungi gli altri ingredienti. Rilasciare l'aria con il metodo dello spostamento dell'acqua, sigillare e immergere la sacca nel bagnomaria. Cuocere per 2 ore. Una volta che il timer si è fermato, rimuovere i sacchetti e trasferirli nelle ciotole. Condite con sale e aceto. Completare con il sugo di cottura.

Fagioli misti in salsa di pomodoro

Tempo di preparazione + cottura: 3 ore 10 minuti | Porzioni: 4

ingredienti

1 libbra di fagiolini tagliati

Fagioli di neve tagliati da 1 libbra

1 lattina di pomodori interi schiacciati

1 cipolla affettata sottilmente

3 spicchi d'aglio affettati

3 cucchiai di olio d'oliva

Indicazioni

Preparare un bagnomaria e posizionarvi sopra il sottovuoto. Impostare su 183 F. Mettere i pomodori, la neve, i fagiolini, l'aglio e la cipolla in un sacchetto sigillabile sottovuoto. Rilasciare l'aria con il metodo dello spostamento dell'acqua, sigillare e immergere nel bagnomaria. Cuocere per 3 ore. Una volta fatto, trasferisci in una ciotola. Cospargere con olio d'oliva.

Stufato di fagioli ceci al peperoncino

Tempo di preparazione + cottura: 3 ore 10 minuti | Porzioni: 4

ingredienti

1 tazza di ceci, messi a bagno per una notte

3 tazze d'acqua

1 cucchiaio di olio d'oliva

Sale qb

½ cucchiaino di cumino macinato

½ cucchiaino di coriandolo macinato

¼ di cucchiaino di cannella in polvere

1/8 cucchiaino di chiodi di garofano macinati

1/8 cucchiaino di pepe di cayenna

Coriandolo fresco tritato

Salsa Harissa, quanto basta

Indicazioni

Preparare un bagnomaria e inserire il Sous Vide. Impostato su 192 F.

Metti i fagioli in un sacchetto sigillabile sottovuoto con cumino, sale, olio d'oliva, chiodi di garofano, cannella, coriandolo e pepe di Caienna. Rilasciare l'aria con il metodo dello spostamento dell'acqua, sigillare e immergere nel bagnomaria. Cuocere per 3 ore. Una volta fatto, rimuovere la busta e scolare i fagioli. Eliminare i succhi di cottura. Condite con sale. Unire l'olio d'oliva e la salsa harissa e versarvi sopra i fagioli. Guarnire con il coriandolo.

Créme Brulée alla frutta fresca

Tempo di preparazione + cottura: 65 minuti + 5 ore Tempo di raffreddamento | Porzioni: 6

ingredienti

1 tazza di more fresche

6 tuorli d'uovo

1 tazza di zucchero + altro per spolverare

3 tazze di panna

Scorza di 2 arance

4 cucchiai di succo d'arancia

1 cucchiaino di estratto di vaniglia

Indicazioni

Preparare un bagnomaria e inserire il Sous Vide. Impostato su 196 F.

In un frullatore, mescolare i tuorli e lo zucchero fino a ottenere una crema. Mettere da parte

Scaldare una casseruola a fuoco medio e versare la panna. Aggiungere la scorza e il succo d'arancia e l'estratto di vaniglia. Abbassare la fiamma e cuocere per 4-5 minuti. Mettere le more in sei barattoli di muratore, versare il composto di panna e uova sulle more. Chiudere con un coperchio e immergere i barattoli a bagnomaria. Cuocere per 45 minuti.

Una volta che il timer si è fermato, rimuovere i barattoli e trasferire in frigorifero e lasciare raffreddare per 5 ore. Togliere il coperchio e spolverare con lo zucchero. Caramellare lo zucchero con una fiamma ossidrica.

Budino alla vaniglia

Tempo di preparazione + cottura: 2 ore 32 minuti | Porzioni: 6

ingredienti

1 tazza di frutti di bosco freschi misti

4 fette di challah, a cubetti

6 tuorli d'uovo

1 tazza di zucchero superfino

2 tazze di panna

1 tazza di latte

2 cucchiaini di estratto di mandorle

1 baccello di vaniglia, tagliato a metà, i semi riservati

Indicazioni

Preparare un bagnomaria e inserire il Sous Vide. Impostato su 172 F.

Preriscaldare il forno a 350 ° C. Mettere i cubetti di pane in una teglia e tostare per 5 minuti. Mettere da parte. Con una frusta elettrica, mescolare i tuorli e lo zucchero fino ad ottenere una crema.

Scaldare una casseruola a fuoco medio e versarvi la panna e il latte. Cuocere fino a ebollizione. Aggiungere l'estratto di mandorle, i semi del baccello di vaniglia e il baccello di vaniglia. Abbassare la fiamma e cuocere per 4-5 minuti. Mettere da parte e lasciare raffreddare per 2-3 minuti.

Una volta che la miscela di vaniglia si è raffreddata, versare una piccola quantità di panna nella miscela di uova e unire. Ripeti il processo con ogni uovo.

Unire i cubetti di pane al composto di panna e uova e lasciare che il pane assorba il liquido. Aggiungere i frutti di bosco e unire bene. Dividi il composto in sei barattoli di vetro. Chiudere con un coperchio e immergere i barattoli a bagnomaria. Cuocere per 2 ore.

Mini Brownies

Tempo di preparazione + cottura: 3 ore 17 minuti | Porzioni: 10

ingredienti

⅔ tazza di cioccolato bianco, tritato

8 cucchiai di burro

⅔ tazza di zucchero superfino

2 tuorli d'uovo

1 uovo

2 cucchiai di caffè istantaneo in polvere

1 cucchiaio di estratto di cocco

1 cucchiaio di liquore al caffè

½ tazza di farina per tutti gli usi

Gelato, per servire

Indicazioni

Preparare un bagnomaria e posizionarvi sopra il sottovuoto. Impostare su 196 F. Riscaldare il cioccolato e il burro in una pentola o nel microonde. Incorporare lo zucchero nella miscela di burro e cioccolato fino a quando non si scioglie. Versare uno ad uno i tuorli e mescolare bene. Aggiungere l'uovo intero e continuare a mescolare. Versare il caffè in polvere, l'estratto di cocco e il liquore al caffè. Aggiungere la farina e mescolare fino a quando ben combinata.

Versare il composto di cioccolato in 10 mini barattoli di vetro. Sigillare con un coperchio e immergere i barattoli a bagnomaria, cuocere per 3 ore. Una volta che il timer si è fermato, rimuovere i barattoli e lasciare raffreddare per 1 minuto.

Crema alla banana

Tempo di preparazione + cottura: 60 minuti | Porzioni: 6

ingredienti

3 banan, schiacciati

12 tuorli d'uovo

1 tazza di zucchero superfino

3 tazze di panna

1 cucchiaino di estratto di vaniglia

1 cucchiaino di estratto di menta

Indicazioni

Preparare un bagnomaria e inserire il Sous Vide. Impostato su 196 F.

Con una frusta elettrica unire i tuorli e lo zucchero. Mescolare per 1-2 minuti fino a ottenere una crema. Scaldare la panna in una casseruola a fuoco medio e aggiungere la vaniglia e la menta. Cuocere a fuoco lento per 3-4 minuti. Mettere da parte e lasciare raffreddare per 2-3 minuti.

Una volta che il composto si è raffreddato, versare la crema nella miscela di uova e mescolare. Aggiungere le banane schiacciate e mescolare per amalgamare. Versare il composto in 6 mini barattoli di muratore. Sigillare e immergere a bagnomaria, cuocere per 45 minuti. Una volta che il timer si è fermato, rimuovere i barattoli e lasciare raffreddare per 5 minuti.

Cheesecake Dulce de Leche

Tempo di preparazione + cottura: 5 ore 55 minuti + 4 ore |
Porzioni: 6

ingredienti

2 tazze di mascarpone, a temperatura ambiente

3 uova

1 cucchiaino di estratto di mandorle

1 tazza di dulce de leche

⅓ tazza di panna

1 tazza di briciole di cracker Graham

3 cucchiai di burro, sciolto

½ cucchiaino di sale

Indicazioni

Preparare un bagnomaria e inserire il Sous Vide. Impostato su 175 F.

Con uno sbattitore elettrico, mescola il mascarpone, le uova e le mandorle in una ciotola fino a che liscio. Versare 3/4 tazza di dulce de leche e mescolare bene. Aggiungere la panna e mescolare fino a completa fusione. Mettere da parte.

Unisci le briciole di cracker Graham e il burro fuso. Dividi il composto di briciole in sei vasetti di muratore. Versare il composto di crema di formaggio sulle briciole. Chiudere con un coperchio e immergere i barattoli a bagnomaria, cuocere per 1 ora e 30 minuti.

Una volta che il timer si è fermato, rimuovere i barattoli e trasferire in frigorifero e lasciare raffreddare per 4 ore. Completare con il restante dulce de leche. Guarnire con la miscela di caramello salato.

Albicocche Miele e Agrumi

Tempo di preparazione + cottura: 70 minuti | Porzioni: 4

ingredienti

6 albicocche, snocciolate e tagliate in quarti

½ tazza di miele

2 cucchiai d'acqua

1 cucchiaio di succo di lime

1 baccello di vaniglia, tagliato a metà

1 stecca di cannella

Indicazioni

Preparare un bagnomaria e inserire il Sous Vide. Impostato su 179 F.

Metti tutti gli ingredienti in un sacchetto sigillabile sottovuoto. Rilasciare l'aria con il metodo dello spostamento dell'acqua, sigillare e immergere la sacca nel bagnomaria. Cuocere per 45 minuti. Una volta che il timer si è fermato, rimuovere la busta e scartare il baccello di vaniglia e la stecca di cannella. Servite subito.

Orange Pots du Créme con cioccolato

Tempo di preparazione + cottura: 65 minuti + 5 ore | Porzioni: 6

ingredienti

⅔ tazza di cioccolato tritato

6 tuorli d'uovo

1 tazza di zucchero bianco fine

3 tazze metà e metà

1 cucchiaino di estratto di vaniglia

Scorza di 1 arancia grande

⅛ cucchiaino di estratto di arancia

2 cucchiai di succo d'arancia

2 cucchiai di liquore al cioccolato

Indicazioni

Preparare un bagnomaria e inserire il Sous Vide. Impostato su 196 F.

Con una frusta elettrica unire i tuorli e lo zucchero. Mescolare per 1-2 minuti fino a ottenere una crema. Scaldare la panna in una casseruola a fuoco medio e aggiungere la vaniglia, la scorza d'arancia e l'estratto. Cuocere a fuoco lento per 3-4 minuti. Mettere da parte e lasciare raffreddare per 2-3 minuti.

Sciogliere il cioccolato nel microonde. Una volta che il composto si è raffreddato, versare la crema nella miscela di uova e mescolare. Aggiungere il cioccolato fuso e mescolare fino a quando combinato. Aggiungere il succo d'arancia e il liquore al cioccolato. Versare il composto di cioccolato nei barattoli di vetro. Chiudere con un coperchio e immergere i barattoli a bagnomaria, cuocere per 45 minuti. Una volta che il timer si è fermato, rimuovere i barattoli e lasciare raffreddare per 5 minuti.

Albicocche Lemon-Sage

Tempo di preparazione + cottura: 70 minuti | Porzioni: 4

ingredienti

½ tazza di miele

8 albicocche, snocciolate e tagliate in quarti

2 cucchiai d'acqua

1 cucchiaio di succo di limone

3 rametti di salvia fresca

1 rametto di prezzemolo fresco

Indicazioni

Preparare un bagnomaria e inserire il Sous Vide. Impostare su 179 F. Mettere tutti gli ingredienti in un sacchetto sigillabile sottovuoto. Rilasciare l'aria con il metodo dello spostamento dell'acqua, sigillare e immergere la sacca nel bagnomaria. Cuocere per 45 minuti. Una volta che il timer si è fermato, rimuovere il sacchetto e gettare le molle delle erbe.

Budino di cioccolato

Tempo di preparazione + cottura: 55 minuti | Porzioni: 4

Ingredienti:

½ tazza di latte

1 tazza di gocce di cioccolato

3 tuorli d'uovo

½ tazza di panna

4 cucchiai di cacao in polvere

3 cucchiai di zucchero

Indicazioni:

Preparare un bagnomaria e inserire il Sous Vide. Impostato su 185 F.

Sbatti i tuorli insieme allo zucchero, al latte e alla panna. Mescolare il cacao in polvere e le gocce di cioccolato. Dividi il composto in 4 barattoli. Sigilla e immergi i barattoli nel bagnomaria. Imposta il timer per 40 minuti. Una volta che il timer si è fermato, rimuovere i barattoli. Lasciate raffreddare prima di servire.

Torta di mele

Tempo di preparazione + cottura: 85 minuti | Porzioni: 8

Ingredienti:

1 libbra di mele, sbucciate e tagliate a cubetti

6 once di pasta sfoglia

1 tuorlo d'uovo, sbattuto

4 cucchiai di zucchero

2 cucchiai di succo di limone

1 cucchiaio di amido di mais

1 cucchiaino di zenzero macinato

2 cucchiai di burro, sciolto

¼ di cucchiaino di noce moscata

¼ di cucchiaino di cannella

Indicazioni:

Preriscaldare il forno a 365 F. Arrotolare la pasta in un cerchio. Spennellate con il burro e infornate. Cuocere per 15 minuti.

Preparare un bagnomaria e posizionarvi sopra il sottovuoto. Impostare su 160 F. Unire tutti gli ingredienti rimanenti in un sacchetto sigillabile sottovuoto. Rilasciare l'aria con il metodo dello spostamento dell'acqua, sigillare e immergere in un bagno d'acqua. Cuocere per 45 minuti. Una volta che il timer si è fermato, rimuovere la borsa. Completare la crosta di torta cotta con il composto di mele. Rimettere in forno e cuocere per altri 15 minuti.

Biscotti al cioccolato senza zucchero

Tempo di preparazione + cottura: 3 ore 45 minuti | Porzioni: 6

Ingredienti:

1/3 di tazza di gocce di cioccolato

7 cucchiai di panna

2 uova

½ tazza di farina

½ cucchiaino di bicarbonato di sodio

4 cucchiai di burro, sciolto

¼ di cucchiaino di sale

1 cucchiaio di succo di limone

Indicazioni:

Preparare un bagnomaria e inserire il Sous Vide. Impostare a 194 F. Sbattere le uova insieme alla panna, al succo di limone, al sale e al bicarbonato di sodio. Mescolare la farina e il burro. Nascoste nei biscotti al cioccolato.

Dividete l'impasto in 6 stampini. Avvolgeteli bene con un foglio di plastica e mettete gli stampini a bagnomaria. Cuocere per 3 ore e 30 minuti. Una volta che il timer si è fermato, rimuovere gli stampini.

Gelato alla vaniglia

Tempo di preparazione + cottura: 5 ore 10 minuti | Porzioni: 4

Ingredienti:

6 tuorli d'uovo

½ tazza di zucchero

1 ½ cucchiaino di estratto di vaniglia

2 tazze metà e metà

Indicazioni:

Preparare un bagnomaria e inserire il Sous Vide. Impostare a 180 F. Montare tutti gli ingredienti in un sacchetto sigillabile sottovuoto. Rilasciare l'aria con il metodo dello spostamento dell'acqua, sigillare e immergere la sacca a bagnomaria Impostare il timer per 1 ora. Una volta che il timer si è fermato, assicurati che non ci siano grumi. Trasferisci il composto in un contenitore con coperchio. Mettere nel congelatore per 4 ore.

Budino leggero per la colazione con ricotta

Tempo di preparazione + cottura: 3 ore 15 minuti | Porzioni: 3

Ingredienti:

1 tazza di ricotta

5 uova

1 tazza di latte

3 cucchiai di panna acida

4 cucchiai di zucchero

1 cucchiaino di cardamomo

1 cucchiaino di scorza d'arancia

1 cucchiaio di amido di mais

¼ di cucchiaino di sale

Indicazioni:

Preparare un bagnomaria e posizionarvi sopra il sottovuoto. Impostare a 175 F. Con uno sbattitore elettrico, sbattere le uova e lo zucchero. Aggiungere la scorza, il latte e la maizena. Aggiungere gli altri ingredienti e frullare bene.

Ungete 3 barattoli di muratore con dello spray da cucina e dividete il composto tra loro. Sigillare e immergere i barattoli di muratore a bagnomaria, cuocere per 3 ore. Una volta che il timer si è fermato, rimuovere i barattoli. Lasciate raffreddare prima di servire.

Cupcakes al Cioccolato Sous Vide

Tempo di preparazione + cottura: 3 ore 15 minuti | Porzioni: 6

Ingredienti:

5 cucchiai di burro, sciolto

1 uovo

3 cucchiai di cacao in polvere

1 tazza di farina

4 cucchiai di zucchero

½ tazza di panna

1 cucchiaino di bicarbonato di sodio

1 cucchiaino di estratto di vaniglia

1 cucchiaino di aceto di mele

Un pizzico di sale marino

Indicazioni:

Preparare un bagnomaria e inserire il Sous Vide. Impostare su 194 F. Sbattere insieme gli ingredienti bagnati in una ciotola. Unisci gli ingredienti secchi in un'altra ciotola. Unisci le due miscele delicatamente e dividi la pastella in 6 vasetti. Sigilla i barattoli e immergi la busta a bagnomaria.Impostare il timer per 3 ore Una volta che il timer si è fermato, rimuovere la borsa. Servire freddo.

Budino di riso con rum e mirtilli rossi

Tempo di preparazione + cottura: 2 ore e 15 minuti | Porzioni: 6

Ingredienti:

2 tazze di riso

3 tazze di latte

½ tazza di mirtilli rossi essiccati inzuppati in ½ tazza di rum durante la notte e scolati

1 cucchiaino di cannella

½ tazza di zucchero di canna

Indicazioni:

Preparare un bagnomaria e inserire il Sous Vide. Impostato su 140 F.

Unisci tutti gli ingredienti in una ciotola e trasferisci in 6 vasetti piccoli. Sigillali e immergili a bagnomaria. Imposta il timer per 2 ore. Una volta che il timer si è fermato, rimuovere i barattoli. Servire caldo o freddo.

Lemon curd

Tempo di preparazione + cottura: 75 minuti | Porzioni: 8

Ingredienti:

1 tazza di burro

1 tazza di zucchero

12 tuorli d'uovo

5 limoni

Indicazioni:

Preparare un bagnomaria e inserire il Sous Vide. Impostato su 168 F.

Grattugiate la scorza dei limoni e metteteli in una ciotola. Spremi il succo e aggiungi anche nella ciotola. Montare i tuorli e lo zucchero e trasferire in un sacchetto sigillabile sottovuoto. Rilasciare l'aria con il metodo dello spostamento dell'acqua, sigillare e immergere la sacca a bagnomaria Impostare il timer per 1 ora.

Una volta che il timer si è fermato, rimuovere il sacchetto e trasferire la cagliata di limone cotta in una ciotola e metterla in un bagno di ghiaccio. Lascia raffreddare completamente.

Creme brulee

Tempo di preparazione + cottura: 45 minuti | Porzioni: 4

Ingredienti:

2 tazze di panna

4 tuorli d'uovo

¼ di tazza di zucchero

1 cucchiaino di estratto di vaniglia

Indicazioni:

Preparare un bagnomaria e inserire il Sous Vide. Impostare a 180 F. Sbattere insieme tutti gli ingredienti e trasferire in 4 barattoli poco profondi. Sigillare e immergere nel bagnomaria. Cuocere per 30 minuti.

Una volta che il timer si è fermato, rimuovere i barattoli poco profondi e cospargere un po 'di zucchero sulla brulée. Mettere sotto la griglia finché non diventano caramellate.

Muffin al limone

Tempo di preparazione + cottura: 3 ore 45 minuti | Porzioni: 6

Ingredienti:

2 uova

1 tazza di farina

4 cucchiai di zucchero

1 cucchiaio di succo di limone

1 cucchiaio di scorza di limone

1/3 di tazza di panna

2 uova

1 cucchiaino di bicarbonato di sodio

½ tazza di burro

Indicazioni:

Preparare un bagnomaria e inserire il Sous Vide. Impostare a 190 F. Sbattere le uova e lo zucchero fino a ottenere una crema. Aggiungere gradualmente gli ingredienti rimanenti. Dividi la pastella in 6 barattoli di vetro. Chiudi i barattoli e immergi la busta a bagnomaria, imposta il timer per 3 ore e 30 minuti.

Una volta che il timer si è fermato, rimuovere i barattoli. Lasciate raffreddare prima di servire.

Mousse di lamponi

Tempo di preparazione + cottura: 75 minuti | Porzioni: 6

Ingredienti:

1 tazza di lamponi

1 tazza di latte

1 tazza di crema di formaggio

2 cucchiai di amido di mais

½ tazza di zucchero

1 cucchiaio di farina

1 cucchiaino di zenzero macinato

1 cucchiaio di cacao in polvere

Un pizzico di sale marino

Indicazioni:

Preparare un bagnomaria e inserire il Sous Vide. Impostare su 170 F. Mettere tutti gli ingredienti in un frullatore. Frullare fino ad ottenere un composto omogeneo e trasferire in 6 vasetti piccoli., Chiudere i barattoli e immergere il sacchetto a bagnomaria. Impostare il timer per 1 ora. Una volta che il timer si è fermato, rimuovere i barattoli. Servire freddo.

Mele Dolci Ripiene Di Uvetta

Tempo di preparazione + cottura: 2 ore e 15 minuti | Porzioni: 4

Ingredienti:

4 mele piccole, sbucciate e private del torsolo

1 ½ cucchiaio di uvetta

4 cucchiai di burro, ammorbidito

¼ di cucchiaino di noce moscata

½ cucchiaino di cannella

1 cucchiaio di zucchero

Indicazioni:

Preparare un bagnomaria e inserire il Sous Vide. Impostato su 170 F.

Unisci l'uvetta, lo zucchero, il burro, la cannella e la noce moscata. Farcite le mele con il composto di uvetta. Dividere le mele in 2 buste sigillabili sottovuoto. Rilasciare aria con il metodo dello spostamento dell'acqua, sigillare e immergere le buste a bagnomaria. Impostare il timer per 2 ore.

Una volta che il timer si è fermato, rimuovere i sacchetti. Servire caldo.

Cobbler di mele

Tempo di preparazione + cottura: 3 ore 50 minuti | Porzioni: 6

Ingredienti:

1 tazza di latte

2 mele verdi, sbucciate e tagliate a cubetti

1 cucchiaino di burro

7 cucchiai di farina

4 cucchiai di zucchero di canna

1 cucchiaino di cardamomo macinato

Indicazioni:

Preparare un bagnomaria e inserire il Sous Vide. Impostato su 190 F.

Sbatti insieme il burro, lo zucchero, il latte e il cardamomo. Incorporare gradualmente la farina. Incorporare le mele e dividere il composto in 6 vasetti piccoli., Sigillare i barattoli e immergere il sacchetto a bagnomaria, impostare il timer per 3 ore e 30 minuti. Una volta che il timer si è fermato, rimuovere la borsa. Servire caldo.

Mini barattoli di cheesecake alla fragola

Tempo di preparazione + cottura: 90 minuti | Porzioni: 4

Ingredienti:

4 uova

2 cucchiai di latte

3 cucchiai di marmellata di fragole

½ tazza di zucchero

½ tazza di crema di formaggio

½ tazza di ricotta

1 cucchiaio di farina

1 cucchiaino di scorza di limone

Indicazioni:

Preparare un bagnomaria e inserire il Sous Vide. Impostato su 180 F.

Sbatti insieme i formaggi e lo zucchero fino a renderli spumosi. Sbatti le uova una per una. Aggiungere gli ingredienti rimanenti e mescolare fino a quando ben combinato. Dividi tra 4 barattoli, chiudi i barattoli e immergi il sacchetto a bagnomaria, imposta il timer per 75 minuti. Una volta che il timer si è fermato, rimuovere la borsa. Raffredda e servi.

Pere cotte in camicia con vino e cannella

Tempo di preparazione + cottura: 80 minuti | Porzioni: 4

Ingredienti:

4 pere, sbucciate

2 bastoncini di cannella

2 tazze di vino rosso

1/3 di tazza di zucchero

3 anice stellato

Indicazioni:

Preparare un bagnomaria e inserire il Sous Vide. Impostato su 175 F.

Unisci il vino, l'anice, lo zucchero e la cannella in un grande sacchetto sigillabile sottovuoto. Metti le pere all'interno. Rilasciare l'aria con il metodo dello spostamento dell'acqua, sigillare e immergere la sacca a bagnomaria Impostare il timer per 1 ora. Una volta che il timer si è fermato, rimuovere la borsa. Servire le pere irrorate con la salsa al vino.

Farina d'avena al cocco e mandorle

Tempo di preparazione + cottura: 12 ore 10 minuti | Porzioni: 4

Ingredienti:

2 tazze di farina d'avena

2 tazze di latte di mandorle

3 cucchiai di cocco grattugiato

3 cucchiai di mandorle a scaglie

3 cucchiai di estratto di stevia

1 cucchiaio di burro

¼ di cucchiaino di anice macinato

Un pizzico di sale marino

Indicazioni:

Preparare un bagnomaria e inserire il Sous Vide. Impostare su 180 F. Unire tutti gli ingredienti in un sacchetto sigillabile sottovuoto.

Rilasciare l'aria con il metodo dello spostamento dell'acqua, sigillare e immergere la sacca a bagnomaria Impostare il timer per 12 ore. Una volta che il timer si è fermato, rimuovere il sacchetto e dividerlo in 4 ciotole.

Porridge di grano saraceno alla banana

Tempo di preparazione + cottura: 12 ore e 15 minuti | Porzioni: 4

Ingredienti:

2 tazze di grano saraceno

1 banana, schiacciata

½ tazza di latte condensato

1 cucchiaio di burro

1 cucchiaino di estratto di vaniglia

1 ½ tazza di acqua

¼ di cucchiaino di sale

Indicazioni:

Preparare un bagnomaria e inserire il Sous Vide. Impostato su 180 F.

Metti il grano saraceno in un sacchetto sigillabile sottovuoto. Sbatti gli ingredienti rimanenti in una ciotola. Versare questa miscela sul grano saraceno. Rilasciare l'aria con il metodo dello spostamento dell'acqua, sigillare e immergere la sacca a bagnomaria Impostare il timer per 12 ore.

Una volta che il timer si è fermato, rimuovere la borsa. Servire caldo.

Farina d'avena di base da zero

Tempo di preparazione + cottura: 8 ore 10 minuti | Porzioni: 4

Ingredienti:

1 tazza di avena

3 tazze d'acqua

½ cucchiaino di estratto di vaniglia

Un pizzico di sale marino

Indicazioni:

Preparare un bagnomaria e inserire il Sous Vide. Impostare su 155 F. Unire tutti gli ingredienti in un sacchetto sigillabile sottovuoto. Rilasciare l'aria con il metodo dello spostamento dell'acqua, sigillare e immergere la sacca a bagnomaria Impostare il timer per 8 ore.

Una volta che il timer si è fermato, rimuovere la borsa. Servire caldo.

Mini cheesecakes

Tempo di preparazione + cottura: 45 minuti | Porzioni: 3

Ingredienti:

3 uova

5 cucchiai di ricotta

½ tazza di crema di formaggio

4 cucchiai di zucchero

½ cucchiaino di estratto di vaniglia

Indicazioni:

Preparare un bagnomaria e inserire il Sous Vide. Impostato su 175 F.

Metti tutti gli ingredienti in una terrina. Sbatti con uno sbattitore elettrico per qualche minuto, fino a renderlo morbido e liscio. Dividere il composto in 3 barattoli di muratore, sigillare i barattoli e immergere il sacchetto a bagnomaria, impostare il timer per 25 minuti.

Una volta che il timer si è fermato, rimuovere i barattoli. Lascia raffreddare fino al momento di servire.

Pane Burroso Al Caffè

Tempo di preparazione + cottura: 3 ore 15 minuti | Porzioni: 4

Ingredienti:

6 once di pane bianco

¾ tazza di burro

6 cucchiai di caffè

½ cucchiaino di cannella

1 cucchiaino di zucchero di canna

Indicazioni:

Preparare un bagnomaria e inserire il Sous Vide. Impostato su 195 F.

Tagliate il pane a listarelle e mettetelo in un sacchetto sigillabile sottovuoto. Montare gli altri ingredienti in una ciotola e versare il composto sul pane. Rilasciare l'aria con il metodo dello spostamento dell'acqua, sigillare e immergere la sacca a bagnomaria Impostare il timer per 3 ore.

Una volta che il timer si è fermato, rimuovere la borsa. Servire caldo.

Muffin alla carota

Tempo di preparazione + cottura: 3 ore 15 minuti | Porzioni: 10)

Ingredienti:

1 tazza di farina

3 uova

½ tazza di burro

¼ di tazza di panna

2 carote, grattugiate

1 cucchiaino di succo di limone

1 cucchiaio di farina di cocco

¼ di cucchiaino di sale

½ cucchiaino di bicarbonato di sodio

Indicazioni:

Preparare un bagnomaria e inserire il Sous Vide. Impostato su 195 F.

Sbatti gli ingredienti bagnati in una ciotola e unisci quelli secchi in un'altra. Unisci delicatamente le due miscele insieme. Dividere la miscela tra 5 barattoli di vetro (non riempire più della metà. Utilizzare più barattoli se necessario). Chiudi i barattoli e immergili a bagnomaria, imposta il timer per 3 ore. Una volta che il timer si è fermato, rimuovere i barattoli. Tagliare a metà e servire.

Ciliegie al rum

Tempo di preparazione + cottura: 45 minuti | Porzioni: 6

Ingredienti:

3 tazze di ciliegie snocciolate

¼ di tazza di zucchero

1 tazza di rum

2 cucchiaini di composto di amarene

1 cucchiaino di agar

1 cucchiaino di scorza di lime

Indicazioni:

Metti tutti gli ingredienti in un sacchetto sigillabile sottovuoto. Agita per amalgamare bene. Preparare l'acqua preriscaldandola a 142 F. Dividere in 6 bicchieri da portata.

Yogurt alla Pesca e Mandorle

Tempo di preparazione + cottura: 11 ore 20 minuti | Porzioni: 4

Ingredienti:

2 tazze di latte intero

4 once di mandorle tritate

2 cucchiai di yogurt

¼ di tazza di purea di pesche sbucciate

¼ di cucchiaino di zucchero vanigliato

1 cucchiaio di miele

Indicazioni:

Preparare un bagnomaria e inserire il Sous Vide. Impostare a 110 F.Riscaldare il latte in una casseruola fino a quando la temperatura raggiunge 142 F.Lasciare cuocere a 110 F.

Mescolare yogurt, miele, pesche e zucchero. Dividi il composto in 4 barattoli. Sigilla i barattoli e immergili a bagnomaria. Cuocere per 11 ore. Una volta che il timer si è fermato, rimuovere i barattoli. Mescolare le mandorle e servire.

Torta di Nettarine alle Mandorle

Tempo di preparazione + cottura: 3 ore 20 minuti | Porzioni: 6

ingredienti

3 tazze di pesche noci, sbucciate e tagliate a cubetti

8 cucchiai di burro

1 tazza di zucchero

1 cucchiaino di estratto di vaniglia

1 cucchiaino di estratto di mandorle

1 tazza di latte

1 tazza di farina

Indicazioni

Preparare un bagnomaria e inserire il Sous Vide. Impostare su 194 F. Ungere i vasetti piccoli con dello spray da cucina. Raccogli le pesche noci tra i barattoli.

In una ciotola mescolate lo zucchero e il burro. Aggiungere l'estratto di mandorle, il latte intero e l'estratto di vaniglia, mescolare bene. Mescolare la farina autolievitante e frullare fino a quando non si solidifica. Metti la pastella nei barattoli. Sigilla e immergi i barattoli nel bagnomaria. Cuocere per 180 minuti. Una volta che il timer si è fermato, rimuovere i barattoli. Servire.

Budino di riso in stile asiatico con mandorle

Tempo di preparazione + cottura: 7 ore e 30 minuti | Porzioni: 5

ingredienti

5 cucchiai di riso basmati

2 lattine di latte di cocco

3 cucchiai di zucchero

5 baccelli di cardamomo, schiacciati

3 cucchiai di anacardi, tritati

Mandorle a scaglie per guarnire

Indicazioni

Preparare un bagnomaria e inserire il Sous Vide. Impostato su 182 F.

In una ciotola, unisci il latte di cocco, lo zucchero e 1 tazza di acqua. Versate il riso e mescolate bene. Dividi il composto tra i barattoli. Aggiungi un baccello di cardamomo a ogni pentola. Sigilla e immergiti nella vasca da bagno. Cuocere per 3 ore. Una volta che il timer si è fermato, rimuovere i barattoli. Lasciar raffreddare per 4 ore. Servire e guarnire con anacardi e mandorle.

Créme Brulée al limone e lamponi

Tempo di preparazione + cottura: 6 ore 5 minuti | Porzioni: 6

ingredienti

6 tuorli d'uovo grandi

1 tazza e 1/3 di zucchero

3 tazze di panna da montare pesante

Scorza di 2 limoni

4 cucchiai di succo di limone appena spremuto

1 cucchiaino di estratto di vaniglia

1 tazza di lamponi freschi

Indicazioni:

Preparare un bagnomaria e inserire il Sous Vide. Impostato su 194 F.

In un mixer, unire i tuorli e lo zucchero fino a ottenere una crema. Mettere da parte. Riscaldare una pentola a fuoco medio e cuocere la miscela cremosa, la scorza di limone, il succo di limone e la vaniglia. Mescolate per 4-5 minuti a fuoco basso. Togliete dal fuoco e lasciate raffreddare. Unire bene il composto di uova con il composto cremoso.

Mettete i lamponi in sei barattoli di muratore e versateci sopra il composto. Riempi con più lamponi. Sigilla e immergi i barattoli nel bagnomaria. Cuocere per 45 minuti. Una volta che il timer si è fermato, rimuovere i barattoli. Lascia raffreddare per 5 ore. Caramellate lo zucchero e servite.

Cannella, Mela Cotogna e Bourbon

Tempo di preparazione + cottura: 2 ore 20 minuti | Porzioni: 8

Ingredienti:

2 tazze di bourbon

2 mele cotogne, sbucciate e affettate

1 stecca di cannella

Indicazioni:

Preparare un bagnomaria e inserire il Sous Vide. Impostato su 150 F.

Metti tutti gli ingredienti in un sacchetto sigillabile sottovuoto. Rilasciare l'aria con il metodo dello spostamento dell'acqua, sigillare e immergere la sacca a bagnomaria Impostare il timer per 2 ore. Una volta che il timer si è fermato, rimuovere la borsa. Filtra il bourbon attraverso una garza.

Avena in acciaio con acero e cannella

Tempo di preparazione + cottura: 3 ore 10 minuti | Porzioni: 2

ingredienti

2 tazze di latte di mandorle

½ tazza di avena tagliata in acciaio

¼ di cucchiaino di sale

Cannella e sciroppo d'acero per guarnire

Indicazioni

Preparare un bagnomaria e inserire il Sous Vide. Impostare su 182 F. Unire tutti gli ingredienti, tranne la cannella e lo sciroppo d'acero e metterli in un sacchetto sigillabile sottovuoto. Rilasciare l'aria con il metodo dello spostamento dell'acqua, sigillare e immergere la sacca nel bagnomaria. Cuocere per 3 ore. Una volta che il timer si è fermato, rimuovere l'avena e trasferirla in una ciotola da portata. Guarnire con cannella e sciroppo d'acero.

Farina d'avena con prugne e albicocche

Tempo di preparazione + cottura: 8 ore 15 minuti | Porzioni: 4

Ingredienti:

2 tazze di latte

2 tazze di farina d'avena

3 cucchiai di prugne tritate

¼ di tazza di albicocche secche

2 cucchiai di zucchero

1 cucchiaio di panna

1 cucchiaio di burro

1 cucchiaino di estratto di vaniglia

¼ di cucchiaino di sale

Indicazioni:

Preparare un bagnomaria e inserire il Sous Vide. Impostare su 180 F. Posizionare la farina d'avena in un sacchetto sigillabile sottovuoto. Sbatti insieme gli ingredienti rimanenti in una ciotola e versa sopra l'avena. Mescolare le prugne e le albicocche. Rilasciare l'aria con il metodo dello spostamento dell'acqua, sigillare e immergere la sacca a bagnomaria. Cuocere per 8 ore. Una volta che il timer si è fermato, rimuovere la borsa.

Pesche allo zenzero con cardamomo

Tempo di preparazione + cottura: 1 ora e 15 minuti | Porzioni: 4

ingredienti

1 libbra di pesche, dimezzate

1 cucchiaio di burro

1 cucchiaino di semi di cardamomo, macinati al momento

½ cucchiaino di zenzero macinato

½ cucchiaino di sale

Basilico fresco, tritato

Indicazioni

Preparare un bagnomaria e inserire il Sous Vide. Impostare su 182 F. Unire il burro, le pesche, lo zenzero, il cardamomo e il sale. Mettere in un sacchetto sigillabile sottovuoto. Rilasciare l'aria con il metodo dello spostamento dell'acqua, sigillare e immergere la sacca nel bagnomaria. Cuocere per 60 minuti. Una volta che il timer si è fermato, rimuovere il sacchetto e trasferirlo in una ciotola. Guarnite con basilico e servite.

Flan di Patate con sciroppo d'acero

Tempo di preparazione + cottura: 1 ora e 10 minuti | Porzioni: 6

ingredienti

1 tazza di latte

1 tazza di panna da montare pesante

3 uova intere

3 tuorli d'uovo

½ tazza di purea di patate dolci

¼ di tazza di sciroppo d'acero

½ cucchiaino di spezie di zucca

Zucchero per guarnire

Indicazioni

Preparare un bagnomaria e posizionarvi sopra il sottovuoto. Impostato su 168 F.

Unisci il latte, la panna, le uova intere, i tuorli, la purea di patate dolci, lo sciroppo d'acero e le spezie di zucca. Mescolare fino a che liscio. Versare in barattoli di vetro. Sigilla e immergi nel bagnomaria. Cuocere per 1 ora. Una volta pronto, rimuovere i barattoli e lasciare raffreddare. Cospargere di zucchero, mettere sotto la griglia finché lo zucchero non sarà caramellato e servire.

Cheesecake alla vaniglia

Tempo di preparazione + cottura: 1 ora e 45 minuti | Porzioni: 6

ingredienti

12 once di crema di formaggio, a temperatura ambiente

½ tazza di zucchero

¼ di tazza di mascarpone, a temperatura ambiente

2 uova

Scorza di 1 limone

½ cucchiaio di estratto di vaniglia

Indicazioni

Preparare un bagnomaria e inserire il Sous Vide. Impostato su 175 F.

Unire la crema di formaggio, il mascarpone e lo zucchero. Mescolare bene. Incorporare le uova. Aggiungere la scorza di limone e l'estratto di vaniglia. Mescolare bene. Versare il composto in 6 barattoli di muratore. Sigilla e immergi nel bagnomaria. Cuocere per 90 minuti. Una volta che il timer si è fermato, rimuovere i barattoli e lasciare raffreddare. Completare con composta di frutta.

Lightning Source UK Ltd.
Milton Keynes UK
UKHW022008070621
385112UK00002B/460